지음 | 신비호기심해결단

신비아파트 친구들과 어린이를 사랑하는 작가진, 편집진이 어린이들의 호기심을 응원하기 위해 똘똘 뭉쳤어요. 재미있는 그림과 어린이들의 눈높이에 맞춘 쉬운 설명으로 호기심을 해결한 어린이 친구들! 더 깊고 넓은 호기심 가지를 풍성하게 뻗어 나가길 바랍니다.

신비 과학 그림 백과 ③
공룡 호기심 100

1판 1쇄 인쇄 | 2022년 4월 5일
1판 1쇄 발행 | 2022년 4월 26일
구성 | 최서원 **그림** | 신혜영 **디자인** | 이혜원
발행인 | 조인원
편집장 | 최영미
편집자 | 손유라, 한나래
출판마케팅 담당 | 홍성현, 경주현
제작 담당 | 이수행, 오길섭
발행처 | (주)서울문화사
등록일 | 1988년 2월 16일
등록번호 | 제 2-484
주소 | 서울특별시 용산구 새창로 221-19
전화 편집 | 02-799-9375 **출판마케팅** | 02-791-0750

ISBN 979-11-6438-932-2
　　　979-11-6438-506-5(세트)

ⓒ CJ ENM Co.,Ltd. All Rights Reserved.

・본 제품은 CJ ENM(주)과 (주)서울문화사의 상품화 계약에 의거하여
　제작, 생산되오니 무단복제 시 법의 처벌을 받습니다.

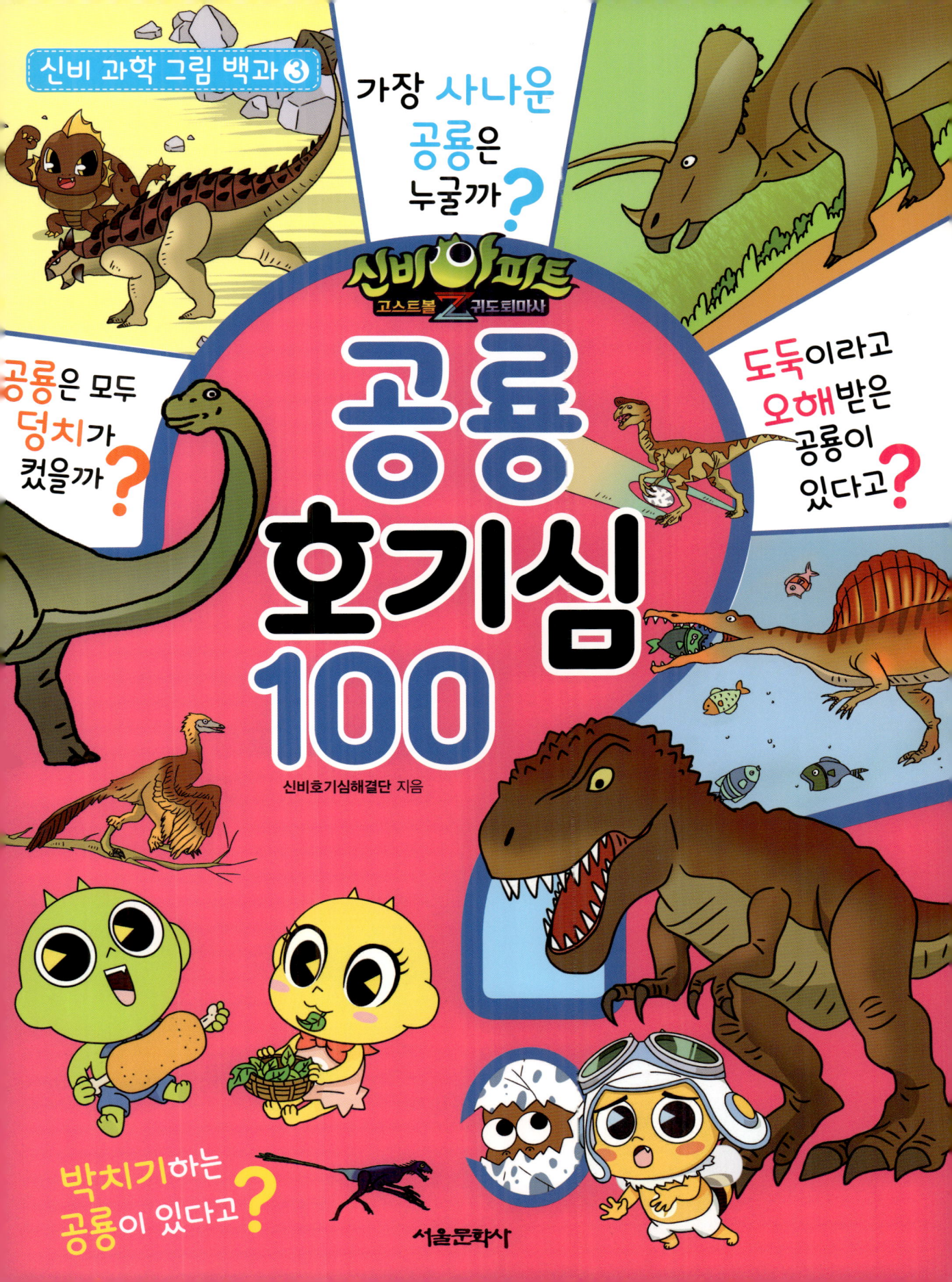

차례

1장 신비한 공룡

신비한 공룡 … 8
001 공룡이란 무엇일까?
002 공룡 이름은 누가 지을까?
003 공룡은 모두 덩치가 컸을까?
004 공룡은 무슨 색이었을까?

공룡 시대 … 10
005 공룡은 언제 살았을까?
006 트라이아스기
007 쥐라기
008 백악기

공룡의 구분 … 12
009 공룡 시대에는 공룡만 살았을까?
010 공룡은 어떻게 구분할까?
011 용반류 공룡이란?
012 조반류 공룡이란?

사냥꾼 육식 공룡 … 14
013 공룡은 무엇을 먹었을까?
014 육식 공룡의 사냥 무기는?
015 작은 육식 공룡은 어떻게 사냥했을까?
016 공룡의 이빨은 어떻게 생겼을까?

풀을 먹는 초식 공룡 … 16
017 초식 공룡은 왜 거대할까?
018 거대한 초식 공룡은 얼마나 무거웠을까?
019 초식 공룡이 돌을 먹었다고?
020 풀과 고기를 모두 먹는 공룡?

사라진 공룡의 흔적 … 18
021 공룡은 왜 사라졌을까?
022 공룡 발자국은 어떤 모양일까?
023 공룡 화석은 어떻게 만들어질까?
024 공룡의 비밀을 파헤치는 사람은 누구일까?

대한민국의 공룡 … 20
025 우리나라에도 공룡이 살았을까?
026 우리나라의 대표적인 공룡은?
027 세계의 학자들이 우리나라를 찾는 이유는?
028 고고! 공룡 박물관

2장 와글와글 공룡

덩치가 큰 육식 공룡 … 24
029 기가노토사우루스
030 스피노사우루스
031 타르보사우루스
032 티라노사우루스

작지만 무서운 육식 공룡 … 26
033 데이노니쿠스
034 벨로키랍토르
035 콤프소그나투스
036 모노니쿠스

거대한 초식 공룡 … 28
037 플라테오사우루스
038 슈노사우루스
039 아파토사우루스
040 카마라사우루스

목이 긴 초식 공룡 … 30
041 마멘키사우루스
042 브라키오사우루스
043 디플로도쿠스
044 아르젠티노사우루스

뿔이 난 공룡 … 32
045 트리케라톱스
046 토로사우루스
047 카스모사우루스
048 스티라코사우루스

갑옷을 두른 공룡 … 34
049 사우로펠타
050 가스토니아
051 유오플로케팔루스
052 안킬로사우루스

차례

볏이 달린 공룡 … 36
053 람베오사우루스
054 코리토사우루스
055 친타오사우루스
056 파라사우롤로푸스

박치기 공룡 … 38
057 스테고케라스
058 프레노케팔레
059 파키케팔로사우루스
060 스티기몰로크

오리와 타조를 닮은 공룡 … 40
061 아나토티탄
062 마이아사우라
063 갈리미무스
064 오르니토미무스

3장 공룡 시대 동식물

하늘을 나는 파충류 1 … 44
065 하늘을 나는 공룡도 있었을까?
066 에우디모르포돈
067 소르데스
068 람포린쿠스

하늘을 나는 파충류 2 … 46
069 프테라노돈
070 타페자라
071 케찰코아틀루스
072 프테로다우스트로

물에 사는 파충류 … 48
073 엘라스모사우루스
074 쇼니사우루스
075 프로가노켈리스
076 데이노수쿠스

공룡 시대 포유류 … 50
- 077 아달라테리움
- 078 메가조스트로돈
- 079 디델포돈
- 080 스테로포돈

그 밖의 동식물 … 52
- 081 암모나이트
- 082 겉씨식물
- 083 시조새
- 084 은행나무

4장 최고·최강 공룡왕

공룡 랭킹 1 … 56
- 085 가장 오래전에 살았던 공룡 1위는?
- 086 가장 사나운 공룡 1위는?
- 087 가장 큰 공룡 1위는?
- 088 가장 작은 공룡 1위는?

공룡 랭킹 2 … 58
- 089 가장 먼저 발견된 공룡 1위는?
- 090 가장 빠른 공룡 1위는?
- 091 가장 목이 긴 공룡 1위는?
- 092 가장 머리가 큰 공룡 1위는?

공룡 이모저모 … 60
- 093 도둑이라고 오해받은 공룡?
- 094 이름을 되찾은 공룡?
- 095 학교 이름을 붙인 공룡?
- 096 머리가 가장 좋은 공룡?

공룡 미스터리 … 62
- 097 공룡이 살아 있다고?
- 098 새가 공룡이라고?
- 099 공룡을 닮은 괴물이 있다고?
- 100 공룡과 함께 살았던 인간이 있었을까?

공룡 세계 지도 … 64
공룡 분류도 … 66
색인 … 68

1장 신비한 공룡

001

공룡이란 무엇일까?

공룡은 무서운 용이라는 뜻으로, 아주 먼 옛날 육지에서 살았던 파충류들을 말해. 다리가 발달해서 두 발로 걷는 공룡도 있었고, 아주 빠른 속도로 달리는 공룡도 있었어. 외국에서는 공룡을 'dinosaur(무서운 도마뱀)'라고 부르지.

> 백악기 시절, 난 크고 유명한 육식 공룡이었지!

기가노토사우루스
몸길이: 12~15m

002

공룡 이름은 누가 지을까?

대부분 발견한 사람의 이름이나 화석을 발견한 장소, 공룡의 특징 뒤에 '-사우루스(saurus, 도마뱀)'라는 단어를 붙여서 공룡의 이름을 지어. 또 공룡들의 공통점을 이름에 나타내기도 하는데, 이름에 '-케라톱스(ceratops)'가 붙은 공룡들은 모두 뿔과 관련이 있어.

> 넌 뿔이 3개 있어서 트리케라톱스구나?

> 맞아! 신기하지?

트리케라톱스
몸길이: 7.9~9m

003 공룡은 모두 덩치가 컸을까?

공룡은 전부 클 것 같지만 사실 공룡 중에는 우리보다 작은 공룡도 있어. 가장 작은 공룡은 쥐라기 중기에 살았던 '에피덱시프테릭스'로 몸길이가 약 25cm야. 다른 동물을 사냥하는 육식 공룡인 '콤프소그나투스'의 몸길이도 1m 정도지.

"니 억수로 작네~!"

"몸무게도 160g 정도였지."

에피덱시프테릭스
몸길이: 약 25cm

"난 밝은 갈색에 흰색 줄무늬가 있었지."

시노사우롭테릭스
몸길이: 1~1.2m

004 공룡은 무슨 색이었을까?

공룡은 아주 오래전에 살았기 때문에 화석을 발견해도 몸 색깔을 알아내기는 어려웠어. 하지만 최근 시노사우롭테릭스 등 공룡의 화석에서 깃털이 발견된 덕분에 공룡의 몸 색깔을 연구할 수 있었지. 아쉽게도 깃털이 남아 있는 공룡 화석은 무척 적어서 공룡의 몸 색깔을 추측하기 힘들어.

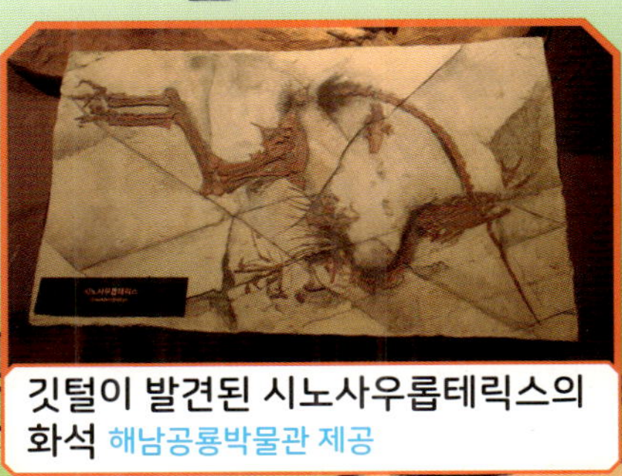

깃털이 발견된 시노사우롭테릭스의 화석 해남공룡박물관 제공

공룡 시대

1장 신비한 공룡

약 46억 년 전, 지구의 탄생

005
공룡은 언제 살았을까?

공룡은 지금으로부터 약 2억 5,000만 년 전부터 약 6,500만 년 전까지 무려 1억 8,000만 년 이상 지구에 살았어. 공룡이 살았던 시대를 중생대라고 하는데, 중생대는 3가지로 나눌 수 있어.

와, 생김새가 참 다양하네!

008
백악기

백악기에는 날씨가 더워졌다 추워졌다 하면서 계절이 생겨났어. 뿔이 달린 공룡이나 볏이 달린 공룡 등 공룡의 생김새도 다양해졌지. 그리고 백악기가 끝날쯤에 대륙이 많이 갈라져서 지금의 지구와 비슷해졌다고 해.

007
쥐라기

쥐라기에는 날씨가 따뜻하고 습해지면서 공룡들이 살기 좋은 환경이 되었어. 식물과 나무가 잘 자라서 먹을거리도 많아졌지. 그래서 쥐라기에 살았던 초식 공룡들은 식물을 마구 먹어 몸집이 거대해졌어.

백악기
(약 1억 4,500만 년 전
~약 6,500만 년 전)

스피노사우루스
몸길이: 10~17m

이구아노돈
몸길이: 9~13m

프로토케라톱스
몸길이: 1.5~2m

1장 신비한 공룡 공룡의 구분

009

공룡 시대에는 공룡만 살았을까?

공룡이 살았던 중생대에는 공룡 말고도 다양한 파충류가 살았어. 하늘을 날 수 있는 익룡과 바다에 사는 수장룡, 어룡 등이 있었지. 하지만 땅 위에 살았던 파충류만 공룡이라고 부르기 때문에 익룡이나 수장룡, 어룡은 공룡이라고 부르지 않아.

풀을 먹는 초식 공룡, 고기를 먹는 육식 공룡으로도 공룡을 나눌 수 있지.

프테라노돈
몸길이: 7~8m

010

공룡은 어떻게 구분할까?

크기와 생김새가 다양한 공룡의 엉덩이뼈 모양에 따라 공룡을 용반류와 조반류로 나눌 수 있어. 엉덩이뼈 모양이 도마뱀과 비슷하면 용반류 공룡이라고 부르고, 엉덩이뼈 모양이 새와 비슷하면 조반류 공룡이라고 불러.

용반류의 엉덩이뼈 / 조반류의 엉덩이뼈

011 용반류 공룡이란?

용반류 공룡은 크게 두 가지로 나눌 수 있어. 두 발로 걷는 공룡을 수각류, 네발로 걷는 공룡을 용각류라고 부르지.

수각류

티라노사우루스
몸길이: 10~12m

용각류

무스사우루스
몸길이: 3~5m

012 조반류 공룡이란?

조반류 공룡은 검룡류, 각룡류, 조각류, 곡룡류, 후두류 다섯 가지로 나뉘어.

① 골판과 골침을 가진 검룡류

골판
골침

스테고사우루스
몸길이: 약 9m

② 머리 장식을 가진 각룡류

프릴

프로토케라톱스
몸길이: 1.5~2m

③ 뒷다리가 발달한 조각류

이구아노돈
몸길이: 9~13m

④ 갑옷을 두른 곡룡류

꼬리의 곤봉

안킬로사우루스
몸길이: 8~9m

⑤ 머리뼈가 둥글게 솟은 후두류

파키케팔로사우루스
몸길이: 4~5m

1장 신비한 공룡
사냥꾼 육식 공룡

013
공룡은 무엇을 먹었을까?

공룡은 먹는 음식에 따라서 초식 공룡과 육식 공룡으로 나눌 수 있어. 초식 공룡은 주로 땅에서 자란 풀을 먹는데, 목이 긴 초식 공룡은 높은 나무에 자란 나뭇잎을 뜯어 먹었지. 육식 공룡은 물고기나 다른 공룡들을 잡아먹었어.

모두가 육식 공룡인 나를 무서워하지!

난 큰 몸집을 유지하기 위해 나뭇잎을 많이 먹었어!

티라노사우루스
몸길이: 10~12m

마멘키사우루스
몸길이: 20~35m

014
육식 공룡의 사냥 무기는?

육식 공룡의 사냥 무기는 이빨과 발톱이야. 커다란 육식 공룡은 주로 단단한 이빨과 강한 턱의 힘을 사용해서 다른 공룡을 사냥했어. 그리고 작은 육식 공룡은 주로 날카로운 발톱을 사용해서 다른 공룡을 사냥했다고 해.

015

작은 육식 공룡은 어떻게 사냥했을까?

작은 육식 공룡은 다른 공룡을 잡아먹기 위해 무리 지어 사냥하기도 했어. 여러 마리가 재빠르게 달려가 먹잇감을 둘러싼 다음, 날카로운 이빨과 발톱을 사용해 공격했지. 몸집이 정말 작은 육식 공룡들은 곤충을 잡아먹기도 했어.

프로토케라톱스
몸길이: 1.5~2m

벨로키랍토르
몸길이: 1.5~2m

작은 몸집과 튼튼한 다리 덕분에 달리기 속도가 빠르지.

016

공룡의 이빨은 어떻게 생겼을까?

육식 공룡은 이빨이 무척 뾰족하고 안으로 살짝 굽은 형태를 하고 있어. 이런 날카로운 이빨과 강력한 턱의 힘 덕분에 다른 공룡을 사냥하기 쉬웠지. 초식 공룡은 식물을 뜯고 씹기 쉽도록 평평하고 둥근 형태의 이빨을 가지고 있어.

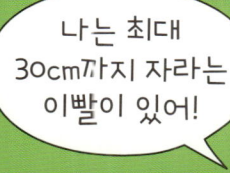

나는 최대 30cm까지 자라는 이빨이 있어!

티라노사우루스가 나타났다!

풀을 먹는 초식 공룡

1장 신비한 공룡

017 초식 공룡은 왜 거대할까?

초식 공룡은 칼로리가 낮은 식물을 먹기 때문에 몸집을 유지하려면 풀을 많이 먹어야 했어. 하지만 식물은 소화하기가 어렵고 시간도 오래 걸렸지. 그래서 초식 공룡은 많은 양의 음식을 잘 소화하기 위해 위나 장 등의 몸속 장기가 계속 커진 거야.

018 거대한 초식 공룡은 얼마나 무거웠을까?

몸집이 큰 초식 공룡 중 하나인 아르젠티노사우루스는 몸무게가 약 70t이었다고 알려져 있어. 공룡이 멸종한 이후, 땅 위에 사는 동물 중 가장 무겁다고 알려진 코끼리가 6t인 것에 비하면 엄청난 차이지. 하지만 대부분의 공룡들은 뼈 내부가 비어 있어서 몸집만큼 무겁진 않았다고 해.

우리처럼 거대한 공룡은 용각류에 속해.

아르젠티노사우루스
몸길이: 약 35m

브라키오사우루스
몸길이: 25~28m

나보다 목이 훨씬 더 길잖아?

기린

난 목 길이도 10m가 넘어!

사람

1장 신비한 공룡 사라진 공룡의 흔적

021

공룡은 왜 사라졌을까?

약 6,500만 년 전, 공룡이 멸종된 이유에는 무척 다양한 의견이 있어. 그중 하나는 우주에서 날아온 거대 운석이 지구와 부딪히며 생긴 잿더미가 지구를 뒤덮어 춥게 만들어 공룡이 사라졌다는 의견이야. 그리고 화산이 폭발하면서 생긴 화산재가 햇빛을 막아 공룡이 죽었다는 주장도 있어.

으악, 도망쳐!

공룡의 종류에 따라 발자국의 모양이 달라!

022

공룡 발자국은 어떤 모양일까?

대부분의 공룡은 3개의 발가락이 있고 끝에 발톱이 달려 있어. 두 발로 걷는 수각류는 닭과 비슷한 발 모양에 날카로운 발톱을 가져. 뒷다리가 발달한 조각류는 수각류보다 발 모양이 통통해. 목이 길고 네발로 걷는 용각류는 동그란 발바닥에 뭉툭한 발톱을 가지지.

023

공룡 화석은 어떻게 만들어질까?

공룡이 죽고 시간이 흐르면 그 위로 흙이 쌓여. 두껍게 쌓인 흙과 모래는 오랜 시간이 지나면 돌처럼 딱딱하게 굳지. 그 후로 다시 오랜 시간이 지나 비, 바람에 땅이 깎이면 땅속에 굳어 있던 공룡의 뼈가 땅 위로 드러나는 거야.

고생물학자

024

공룡의 비밀을 파헤치는 사람은 누구일까?

공룡 화석을 발견하는 사람을 고생물학자라고 불러. 고생물학자는 지구에서 발견되는 화석을 관찰해서 공룡의 생활과 공룡이 살았던 시대의 환경에 대해 연구하지. 공룡 말고 다른 동물이나 식물에 대해 연구하는 고생물학자도 있어.

대한민국의 공룡

1장 신비한 공룡

- 경기도 화성시 - 화성 고정리 공룡알 화석산지
  - 출처: 문화재청국가문화유산포털
- 전라남도 보성군 - 코리아노사우루스 보성엔시스
- 경상남도 고성군 - 고성 덕명리 공룡발자국과 새발자국 화석산지
  - 출처: 문화재청국가문화유산포털

코리아노사우루스 보성엔시스
몸길이: 1.8~2m

멋지다!

025 우리나라에도 공룡이 살았을까?

우리나라에서 가장 처음 발견된 공룡 화석은 알껍데기 화석이야. 알껍데기를 시작으로 공룡의 뼈, 알, 발자국 등 다양한 공룡 화석이 발견되었지. 특히 경상남도 고성군은 세계적으로 유명한 공룡 발자국 유적지야.

026 우리나라의 대표적인 공룡은?

우리나라에서 발견된 공룡도 있어. 가장 유명한 '코리아노사우루스 보성엔시스'는 전라남도 보성군에서 발견된 육식 공룡이야. 또 다른 공룡으로는 경기도 화성시에서 발견된 '코리아케라톱스'가 있어.

027

세계의 학자들이 우리나라를 찾는 이유는?

전 세계의 고생물학자들이 우리나라를 찾아오는 이유는 우리나라에 공룡 발자국 화석과 공룡알 화석이 많기 때문이야. 특히 우리나라의 공룡 발자국 화석은 보존 상태가 무척 좋은 편이라 발자국을 연구해 공룡이 살았던 시대, 공룡이 걷는 속도 등을 쉽게 알 수 있지.

한국으로!

028

고고! 공룡 박물관

우리나라의 대표적인 공룡 박물관으로는 '서대문자연사박물관'과 '고성공룡박물관'이 있어. 공룡 박물관에 가면 티라노사우루스나 스테고사우루스 같은 유명한 공룡의 *골격 화석을 볼 수 있고, 다양한 공룡의 모습과 발자국도 관찰할 수 있어.

*골격: 동물의 몸을 이루고 지탱하는 뼈

공룡 박물관의 모습
고성공룡박물관 제공

공룡 박물관의 모습
고성공룡박물관 제공

와, 공룡 박물관이다!

덩치가 큰 육식 공룡

크왕~!

기가노토사우루스
뜻: 거대한 남쪽 도마뱀
몸길이: 12~15m

029 기가노토사우루스

큰 머리에 주둥이가 길고 좁은 기가노토사우루스는 백악기 시대에 가장 몸집이 큰 육식 공룡이었어. 뛰어난 후각과 시각을 가졌다고 예상되는 기가노토사우루스는 커다란 육식 공룡들 중에선 드물게 무리 지어 사냥했다고 해.

030 스피노사우루스

스피노사우루스는 등에 돛 모양의 가시 돌기가 나 있어. 이 돛은 체온 조절을 돕고, 다른 공룡들을 위협해서 몸을 지키는 역할을 했지. 그리고 꼬리가 물고기의 지느러미처럼 생긴 스피노사우루스는 육지와 바다를 넘나들며 사냥했을 거야.

돛 모양 가시 돌기

냠냠~!

스피노사우루스
뜻: 가시 도마뱀
몸길이: 10~17m

돛이 엄청 크다!

 031

타르보사우루스

타르보사우루스는 아시아에서 살았던 공룡으로, 이빨이 날카롭고 턱의 힘이 강해서 아시아의 최고 포식자였을 거라 예상해. 짧은 앞다리와 두 개의 앞발가락을 가진 타르보사우루스는 생김새가 티라노사우루스와 비슷하지.

 032

티라노사우루스

가장 강력하고 사납다고 알려진 티라노사우루스는 뼈를 쪼갤 정도로 무서운 이빨과 강한 턱의 힘을 가지고 있어. 주로 초식 공룡들을 공격해 잡아먹었지만, 사냥감이 없을 때는 작은 육식 공룡을 잡아먹기도 했대.

난 뒷다리에 비해 앞다리가 작고 약하지.

타르보사우루스
뜻: 놀라게 하는 도마뱀
몸길이: 10~12m

티라노사우루스
뜻: 폭군 도마뱀
몸길이: 10~12m

작지만 무서운 육식 공룡

2장 와글와글 공룡

033 데이노니쿠스

데이노니쿠스는 뒷다리의 둘째 발가락에 약 13cm 길이의 기다란 발톱이 있어서 걸을 때 셋째, 넷째 발가락만 사용했어. 그리고 앞발에는 날카로운 갈고리발톱이 있어서, '무서운 발톱'이라는 이름으로 불리게 되었지.

뾰족!
뾰족!

데이노니쿠스
뜻: 무서운 발톱
몸길이: 2.5~3.5m

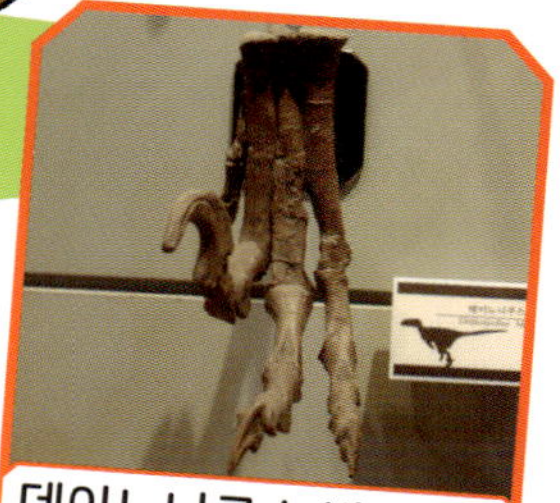

데이노니쿠스 발 골격
해남공룡박물관 제공

034 벨로키랍토르

달리기 속도가 빠르고, 민첩한 벨로키랍토르는 무리를 지어 자신보다 큰 공룡을 사냥했어. 앞발에 달린 날카로운 갈고리발톱으로 먹잇감의 몸을 찍으며 공격했지. 벨로키랍토르의 생김새에는 여러 의견이 있는데, 온몸이 미끈한 비늘로 덮여 있었다는 주장과 깃털로 덮여 있었다는 주장이 있어.

벨로키랍토르
뜻: 빠른 약탈자
몸길이: 1.5~2m

비늘로 덮인 피부 VS 깃털로 덮인 피부

콤프소그나투스

주로 호수에 살았던 것으로 예상되는 콤프소그나투스는 무척 작은 육식 공룡이야. 콤프소그나투스의 화석에 도마뱀의 뼈로 보이는 화석이 함께 발견되어서, 도마뱀처럼 작은 동물이나 곤충을 먹었을 거라고 추측해.

도마뱀

작은 도마뱀 정도는 사냥할 수 있지!

콤프소그나투스
뜻: 우아한 턱
몸길이: 0.8~1.3m

모노니쿠스
뜻: 하나의 발톱
몸길이: 약 1m

저 발톱으로 땅굴을 팠을 거라고 추측한대!

모노니쿠스

모노니쿠스는 앞발에 하나의 발톱만 발달한 공룡이야. 짧고 뭉툭한 앞발에 약 7cm의 발톱이 1개 있고, 나머지 발가락은 모두 발톱이 없어. 모노니쿠스는 길쭉한 뒷다리 덕분에 달리기 속도가 빨라 몸집이 큰 육식 공룡이 공격해도 재빨리 도망칠 수 있었어.

거대한 초식 공룡

2장 와글와글 공룡

037 플라테오사우루스

플라테오사우루스
뜻: 납작한 도마뱀
몸길이: 6~10m

"난 높은 곳의 나뭇잎을 먹을 때 두 발로 서기도 해."

길고 튼튼한 뒷다리를 가진 플라테오사우루스는 두 발로 설 수 있었지만, 몸집이 너무 커서 네발로 걸어 다녔다고 해. 풀을 뜯어 먹기에 좋은 납작한 이빨 덕분에 초식 공룡이라 여겼지만, 작은 곤충도 잡아먹었을 거라는 의견이 있어.

038 슈노사우루스

우걱 우걱

꼬리 곤봉

슈노사우루스
뜻: 슈노(사천) 도마뱀
몸길이: 9~12m

슈노사우루스는 중국의 사천성 지역에서 발견된 공룡이야. 신기하게도 슈노사우루스는 꼬리 끝에 4개의 가시가 박힌 곤봉이 달려 있어. 이 곤봉을 이용해서 육식 공룡으로부터 몸을 보호했을 거라고 예측하지.

039 아파토사우루스

다른 공룡들과 뼈 모양이나 생김새가 비슷해 '속이는 도마뱀'이라고 불린 아파토사우루스는 머리가 작고 목이 굵고 길어. 회초리처럼 가느다란 긴 꼬리는 몸의 균형을 잡아 주고, 육식 공룡을 위협하는 역할을 했지.

아파토사우루스
뜻: 속이는 도마뱀
몸길이: 23~27m

카마라사우루스
뜻: 방 도마뱀
몸길이: 20~23m

040 카마라사우루스

카마라사우루스는 척추뼈 속에 구멍이 많아 빈 공간이 있어 '방 도마뱀'이라고 불러. 넓고 튼튼한 이빨과 강한 턱의 힘 덕분에 질긴 식물도 쉽게 먹을 수 있었어. 다른 용각류보다 목이 짧아 낮은 높이의 식물을 먹었을 것으로 예상해.

2장 와글와글 공룡
목이 긴 초식 공룡

041 마멘키사우루스

마멘키사우루스는 중국 사천성에서 발견된 공룡이야. 목 길이가 약 14m로 지구에서 살았던 모든 동물들 중에 가장 목이 길어. 긴 목 덕분에 다른 초식 공룡들과 경쟁하지 않고 더 높은 나무의 잎과 줄기를 편하게 먹을 수 있었어.

042 브라키오사우루스

콧구멍이 머리 꼭대기에 있는 브라키오사우루스는 다른 공룡들과 다르게 앞다리가 뒷다리보다 훨씬 길어. 그래서 '팔 도마뱀'이라는 이름이 붙었지. 그리고 커다란 몸집을 유지하기 위해 엄청난 양의 먹이를 먹었다고 해.

마멘키사우루스
뜻: 마멘키 도마뱀
몸길이: 20~35m

콧구멍

브라키오사우루스
뜻: 팔 도마뱀
몸길이: 25~28m

043 디플로도쿠스

꼬리가 무척 긴 디플로도쿠스는 긴 꼬리를 채찍처럼 휘두르며 육식 공룡의 공격을 막았다고 해. 약 70개의 뼈로 이루어진 긴 꼬리와 긴 목이 커다란 기둥과 비슷해서 '두 개의 기둥'이라는 뜻의 이름이 붙여졌어.

디플로도쿠스
뜻: 두 개의 기둥
몸길이: 25~30m

아르젠티노사우루스
뜻: 아르헨티나 도마뱀
몸길이: 약 35m

044 아르젠티노사우루스

백악기에 살았던 아르젠티노사우루스는 약 70t의 몸무게로 가장 무거운 공룡 중 하나야. 네발로 걷는 커다란 용각류 공룡들 중에서도 특히 거대했기 때문에 육식 공룡들이 쉽게 공격하지 못했지.

2장 와글와글 공룡
뿔이 난 공룡

트리케라톱스

머리 뒤쪽에 넓은 프릴을 가지고 있는 트리케라톱스는 뿔이 난 각룡류 공룡들 중에서도 가장 많이 알려진 공룡이야. 코 위에 난 작은 뿔과 눈 위에 난 2개의 커다란 뿔을 사용해서 육식 공룡의 공격을 막거나 힘을 자랑했다고 해.

토로사우루스

트리케라톱스처럼 3개의 뿔이 나 있는 토로사우루스는 머리가 무척 큰 공룡이야. 머리 뒤에는 색이 화려했을 것으로 추정되는 커다란 프릴이 있는데, 프릴 양쪽에 구멍이 나 있어서 '구멍 난 도마뱀'이라는 이름이 붙여졌지.

트리케라톱스
뜻: 세 뿔 얼굴
몸길이: 7.9~9m

토로사우루스
뜻: 구멍 난 도마뱀
몸길이: 7~8m

우리 정말 비슷하게 생겼다!

그러게!

카스모사우루스
뜻: 갈라진 도마뱀
몸길이: 약 5m

스티라코사우루스
뜻: 긴 가시 도마뱀
몸길이: 5~5.5m

뿔이 무척 아름다운 공룡을 소개합니다!

047 카스모사우루스

카스모사우루스의 가장 큰 특징은 하트 모양의 거대한 프릴이야. 하지만 이 프릴은 납작하고 얇아서 방어 수단으로 사용할 수 없었어. 대신 카스모사우루스는 무리 생활을 하며 육식 공룡으로부터 몸을 보호했어.

048 스티라코사우루스

백악기에 살았던 스티라코사우루스는 60cm가 넘는 커다란 코뿔과 프릴에 달린 기다란 가시가 특징이야. 스티라코사우루스의 화석은 북아메리카에서 무더기로 발견되었어. 스티라코사우루스도 무리 지어 생활하며 몸을 보호한 거야.

갑옷을 두른 공룡

2장 와글와글 공룡

049 사우로펠타

사우로펠타
뜻: 도마뱀 방패
몸길이: 5~8m

곡룡류인 사우로펠타의 피부는 골편이라는 단단한 뼛조각에 둘러싸여 있어. 갑옷의 역할을 한 골편 덕분에 육식 공룡으로부터 몸을 보호할 수 있었지. 그리고 사우로펠타는 목에 커다란 가시가 나 있어서 적을 위협할 수 있었대.

곡룡류는 갑옷처럼 단단한 피부 골편을 가졌어.

050 가스토니아

난 강철의 힘을 지니고 있지.

가스토니아
뜻: 미국의 고생물학자인 '로버트 가스통'의 이름을 땀
몸길이: 2.5~5m

초식 공룡인 가스토니아의 화석은 유타랍토르라는 육식 공룡과 함께 발견되었어. 유타랍토르의 사냥 대상이었을 거라고 추측할 수 있지. 하지만 가스토니아는 갑옷처럼 단단한 몸으로 스스로를 지키고, 목에 있는 가시들을 이용해 육식 공룡들에게 맞섰을 거야.

051 유오플로케팔루스

유오플로케팔루스는 머리부터 꼬리까지 단단한 골편과 가시로 뒤덮여 있어. 강력한 이빨을 가진 육식 공룡도 유오플로케팔루스를 사냥하기는 어려웠지. 게다가 유오플로케팔루스는 약 30kg에 달하는 꼬리 끝의 곤봉으로 육식 공룡에 맞서 싸울 수 있었어.

유오플로케팔루스
뜻: 잘 무장된 머리
몸길이: 5~6m

안킬로사우루스
뜻: 연결된 도마뱀
몸길이: 8~9m

052 안킬로사우루스

큰 몸집을 자랑하는 안킬로사우루스의 등에는 단단한 갑옷이 있어 안전했지만, 배에는 갑옷이 없는 게 약점이었어. 그래서 육식 공룡이 나타나면 배를 땅에 붙여 몸을 보호했지. 그리고 유오플로케팔루스처럼 꼬리 끝에 달린 곤봉을 무기처럼 사용할 수 있었어.

2장 와글와글 공룡 — 볏이 달린 공룡

람베오사우루스
뜻: 람베 도마뱀
몸길이: 9~15m

"성별과 나이에 따라 볏의 모양이 달랐어!"

053 람베오사우루스

람베오사우루스의 머리 위에는 2개의 볏이 있어. 도끼와 비슷한 머리 앞쪽의 볏은 속이 비어 소리를 내는 데 사용했대. 그리고 머리 뒤쪽에 있는 가시 모양의 뾰족한 볏은 뼈로 되어 있고, 뒤를 향해 쭉 뻗어 있어.

"머리 위에 솟아 있는 뼈나 살 조각을 볏이라고 해."

"난 오리주둥이 같은 입을 가졌지!"

코리토사우루스
뜻: 헬멧 도마뱀
몸길이: 9~10m

054 코리토사우루스

코리토사우루스는 머리 위에 둥근 볏이 있는데, 이 볏이 헬멧처럼 생겨서 '헬멧 도마뱀'이라는 이름을 가지게 되었어. 볏이 난 다른 공룡들처럼 볏 속이 비어 있었는데, 이 덕분에 다른 공룡들은 내지 못하는 높은 소리를 낼 수 있었어.

055 친타오사우루스

친타오사우루스는 중국의 칭다오 지역에서 발견된 공룡이야. 친타오사우루스는 두 눈 사이에 유니콘 뿔과 비슷한 모양의 커다란 볏이 나 있는 게 특징이야. 하지만 이 볏은 뼈로 되어 있지 않고, 속도 비어 있어서 공격 무기로 사용하지 못했을 거야.

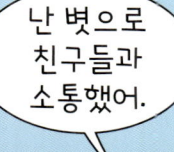

"난 볏으로 친구들과 소통했어."

친타오사우루스
뜻: 칭다오 도마뱀
몸길이: 10~11m

"내 머리에도 볏이 있나?"

파라사우롤로푸스
뜻: 유사 볏 도마뱀
몸길이: 5~10m

056 파라사우롤로푸스

파라사우롤로푸스는 코부터 이마 뒤까지 뿔처럼 이어져 있는 볏을 가진 게 특징이야. 뼈로 만들어진 이 볏은 길이가 2m 정도로 무척 거대했지. 파라사우롤로푸스의 볏도 속이 비어 있어서 소리를 낼 수 있었고, 이 소리로 먼 거리에 있는 친구들과 대화했대.

"우린 수컷의 볏이 더 컸어."

2장 와글와글 공룡 박치기 공룡

"으악! 싫어!"

"우리도 박치기하자."

057 스테고케라스

다른 뼈보다 두꺼운 머리뼈가 둥글게 솟아 있는 후두류는 '박치기 공룡'이라고 불러. 스테고케라스도 머리뼈가 두꺼운 박치기 공룡 중 하나로 머리뼈 두께가 약 7cm가 넘지. 수컷의 머리뼈가 암컷보다 더 두꺼웠고, 성장할수록 더 두꺼워졌대.

스테고케라스
뜻: 지붕이 있는 뿔
몸길이: 약 2m

058 프레노케팔레

머리 뒤에 작고 오돌토돌한 돌기가 여러 개 나 있는 프레노케팔레도 두꺼운 머리뼈를 가지고 있어. 하지만 머리 박치기의 충격을 견딜 수 있을 만큼 머리가 단단하지는 않았다고 해. 그래서 머리끼리는 박치기하지 않고, 몸통에 박치기를 했대.

"머리끼리 박치기하면 위험해!"

프레노케팔레
뜻: 경사진 머리
몸길이: 2~3m

2장 와글와글 공룡
오리와 타조를 닮은 공룡

061 아나토티탄

아나토티탄
뜻: 거대한 오리
몸길이: 10~12m

주둥이가 길고 납작하게 생겨서 오리와 닮은 공룡들을 '오리주둥이 공룡'이라고 불러. 오리주둥이 공룡 중 가장 몸집이 컸던 아나토티탄은 오리처럼 넓은 입으로 식물을 한 번에 많이 먹을 수 있었어.

062 마이아사우라

마이아사우라
뜻: 착한 어미 도마뱀
몸길이: 7~9m

오리주둥이 공룡인 마이아사우라의 화석은 마이아사우라의 알과 새끼가 있는 둥지 화석과 같은 공간에서 여러 개 발견되었어. 이 화석을 통해 마이아사우라가 무리 지어 다니며 새끼를 정성껏 돌보았다는 것을 추측할 수 있지.

무럭무럭 자라렴!

063 갈리미무스

타조와 비슷한 갈리미무스는 몸에 비해 작은 머리와 긴 부리를 가졌어. 그리고 뒷다리가 튼튼해서 두 발로 빠르게 달릴 수 있었지. 수각류에 속하는 갈리미무스는 풀과 작은 동물, 곤충 등을 모두 먹은 잡식 공룡이야.

갈리미무스
뜻: 닭을 닮은 공룡
몸길이: 5~8m

오르니토미무스
뜻: 새를 닮은 공룡
몸길이: 3~5m

064 오르니토미무스

오르니토미무스는 갈리미무스처럼 타조를 닮은 공룡이야. 이빨이 없었지만, 긴 부리를 이용해서 식물과 곤충, 물고기를 먹었지. 그리고 작은 머리에 비해 뇌가 커서 다른 공룡들보다 똑똑했대.

하늘을 나는 파충류 1

3장 공룡 시대 동식물

익룡의 몸길이는 날개를 편 길이를 기준으로 작성했어요!

065

하늘을 나는 공룡도 있었을까?

공룡 시대에 하늘을 지배했던 익룡은 공룡으로 보지 않아. 왜냐하면 육지에 살았던 파충류들만 공룡에 포함되기 때문이지. 하늘을 날 수 있었던 익룡은 새도 아니고 비행 능력을 가진 파충류일 뿐이야. 익룡은 주로 트라이아스기와 쥐라기에 살았던 꼬리가 긴 람포린코이드, 백악기에 살았던 꼬리가 짧은 프테로닥틸로이드로 나눌 수 있어.

066

에우디모르포돈

'유디모르포돈'이라고도 불리는 에우디모르포돈은 트라이아스기 후기에 살았던 익룡 중 하나야. 매우 긴 꼬리에 난 돌기가 하늘을 날 때 균형을 잡는 역할을 했어. 에우디모르포돈의 부리에는 다양한 크기의 이빨이 있어서 '진짜 다른 이빨'이라는 뜻의 이름이 붙었지.

에우디모르포돈
뜻: 진짜 다른 이빨
몸길이: 75~100cm

나는 앞니와 어금니 모양이 무척 다르지!

람포린쿠스
뜻: 부리 주둥이
몸길이: 약 2m

이빨을 많이 사용해서 턱 근육이 많아졌어!

068 람포린쿠스

쥐라기를 대표하는 익룡인 람포린쿠스는 날개와 꼬리가 무척 긴 공룡 중 하나야. 긴 부리에 달린 날카로운 이빨로 물고기를 잡아먹을 수 있었어. 머리가 무겁지만 비행할 때 균형을 잡기 위해 꼬리가 길어졌고, 꼬리 끝에 달린 마름모 모양의 돌기는 방향을 잡는 데 도움이 됐어.

067 소르데스

소르데스의 화석은 털까지 완벽하게 복원되어 처음으로 익룡이 털을 가지고 있었다는 것을 알려 줬어. 몸통부터 날개, 발가락까지 모두 부드러운 털로 덮여 있었던 소르데스는 비행하는 동안 몸을 따뜻하게 유지할 수 있었지.

나는 박쥐와 비슷하게 생겼어!

소르데스
뜻: 털로 덮인 악마
몸길이: 약 50cm

하늘을 나는 파충류 2

3장 공룡 시대 동식물

프테라노돈
뜻: 이빨이 없는 날개
몸길이: 7~8m

"수컷의 볏이 암컷보다 컸어."

069 프테라노돈

프테라노돈은 프테로닥틸로이드를 대표하는 익룡이야. 이빨은 없었지만 기다란 부리를 사용해 바닷가 주변 절벽에서 물고기를 낚아채 잡아먹었지. 이빨이 없어 턱 근육도 필요 없었던 프테라노돈은 머리가 가벼워서 꼬리도 짧았어. 대신 프테라노돈은 머리에 난 볏으로 비행할 때 균형과 방향을 잡았지.

타페자라
뜻: 오래된 것
몸길이: 2~3m

"와이번, 나랑 놀아 줘!"

"싫어~!"

070 타페자라

무척 신기하게 생긴 타페자라는 머리와 부리에 멋진 볏이 달려 있어. 머리에 난 커다란 볏은 돛처럼 생겼고 삼각형 모양이야. 부리에 난 작은 볏은 아래로 향해 있지. 볏의 역할은 아직 밝혀지지 않았지만, 다른 익룡에게 마음을 얻기 위한 용도로 사용되었을 거라고 추측해.

071
케찰코아틀루스

익룡 중에서 가장 거대하다고 알려진 케찰코아틀루스는 작고 가벼운 경비행기만 한 날개를 가졌어. 케찰코아틀루스는 날개뿐만 아니라 목도 길고 머리도 컸어. 커다란 몸집 때문에 날갯짓하면서 비행할 수 없었고, 절벽 등 높은 곳에서 떨어지며 바람을 타고 날았다고 해.

케찰코아틀루스
뜻: 날개를 가진 뱀
몸길이: 11~13m

072
프테로다우스트로

프테로다우스트로는 아래턱에 1,000개 정도의 길고 가느다란 이빨이 있어. 이 이빨을 그물처럼 사용해 홍학처럼 물에서 플랑크톤과 크릴새우 같은 작은 해양 생물을 걸러 내서 먹었다고 해. 그래서 프테로다우스트로는 홍학처럼 먹이 때문에 몸 색깔이 분홍빛이었을 거라고 추측해.

프테로다우스트로
뜻: 남쪽의 날개
몸길이: 약 1.2m

물에 사는 파충류

3장 공룡 시대 동식물

073 엘라스모사우루스

엘라스모사우루스는 수장룡 중에서 몸집이 가장 크고 목이 길어. 몸의 절반을 훌쩍 넘을 정도로 긴 목의 길이는 약 8m고, 목뼈는 무려 70개가 넘어서 목이 유연하지. 엘라스모사우루스는 날카로운 이빨로 물고기나 물 위에 가까이 날아다니는 익룡을 잡아먹었어.

074 쇼니사우루스

거대한 몸집을 자랑하는 어룡인 쇼니사우루스는 어릴 때 기다란 주둥이의 끝에 이빨이 났다가 자라면서 이빨이 없어져. 물고기와 비슷하게 생긴 쇼니사우루스는 알을 물속에서 낳지만, 아가미가 없고 폐로 호흡하는 파충류라서 숨을 쉴 때는 물 위로 올라와야 했지.

중생대에 바닷속에서 살았던 해양 파충류를 소개할게!

수장룡은 머리나 목이 길어!

엘라스모사우루스
뜻: 판 도마뱀
몸길이: 13~14m

쇼니사우루스
뜻: 쇼니 도마뱀
몸길이: 15~17m

크왕!

어룡은 물고기나 돌고래와 비슷하게 생겼어!

공룡 시대 포유류

3장 공룡 시대 동식물

아달라테리움
뜻: 미친 짐승

077 아달라테리움

백악기 후기에 아프리카의 마다가스카르에서 살았던 아달라테리움은 공룡과 함께 살았던 *포유류야. 비버와 오소리를 닮은 아달라테리움은 중생대의 다른 포유류들보다 척추뼈가 많았고, 다리가 휘어 있는 등 독특한 특성을 보여. 이는 아달라테리움이 살았던 마다가스카르가 섬이라 독특한 생태계를 이루기 때문이라고 추측할 수 있어.

*포유류: 폐로 숨을 쉬고 체온을 일정하고 따뜻하게 유지하는 동물.

078 메가조스트로돈

메가조스트로돈은 트라이아스기부터 쥐라기 전기에 걸쳐 살았어. 생김새는 쥐를 닮았고 몸길이는 10~12cm로 무척 작았지. 턱이 하나의 뼈로 이루어진 메가조스트로돈은 이빨이 앞니, 송곳니, 어금니 등으로 나뉘어 있어서 먹이를 잘게 씹어 먹었대.

메가조스트로돈
뜻: 커다란 띠 모양의 이빨

주로 곤충이나 지렁이 등을 잡아먹었다고 해.

3장 공룡 시대 동식물 — 그 밖의 동식물

081 암모나이트

암모나이트는 중생대에 활발하게 성장했던 생물이야. 암모나이트 화석이 발견된 땅은 중생대에 만들어졌다고 말할 정도로 중생대에 많이 살았어. 달팽이와 비슷한 껍데기를 가지고 있는 암모나이트는 오늘날 앵무조개의 친척이라고 볼 수 있어.

암모나이트 화석 / 앵무조개의 모습

암모나이트

안녕~!

082 겉씨식물

겉씨식물은 밑씨가 씨방에 싸이지 않고 밖으로 드러나 있는 식물이야. 공룡이 살기 전인 고생대 말에 처음 나타나서, 중생대에 활발하게 성장했어. 하지만 중생대 말, 밑씨가 씨방 안에 싸여 있는 속씨식물이 성장하기 시작하면서 겉씨식물은 점차 사라졌지.

와, 신기하다!

암꽃 / 수꽃 / 밑씨 / 솔방울

겉씨식물 소나무의 모습

083 시조새

'조상새'라고도 불리는 시조새는 새의 조상으로 가장 처음 등장한 새야. 작고 재빠른 육식 공룡에서 진화한 시조새는 지금의 새와 달리 부리에 날카로운 이빨이 있었어. 시조새는 발가락의 위치, 깃털의 길이 등이 오늘날의 새와 달라 자유롭게 날지 못했고, 익룡처럼 높은 곳에서 떨어지며 바람을 타고 날았다고 해.

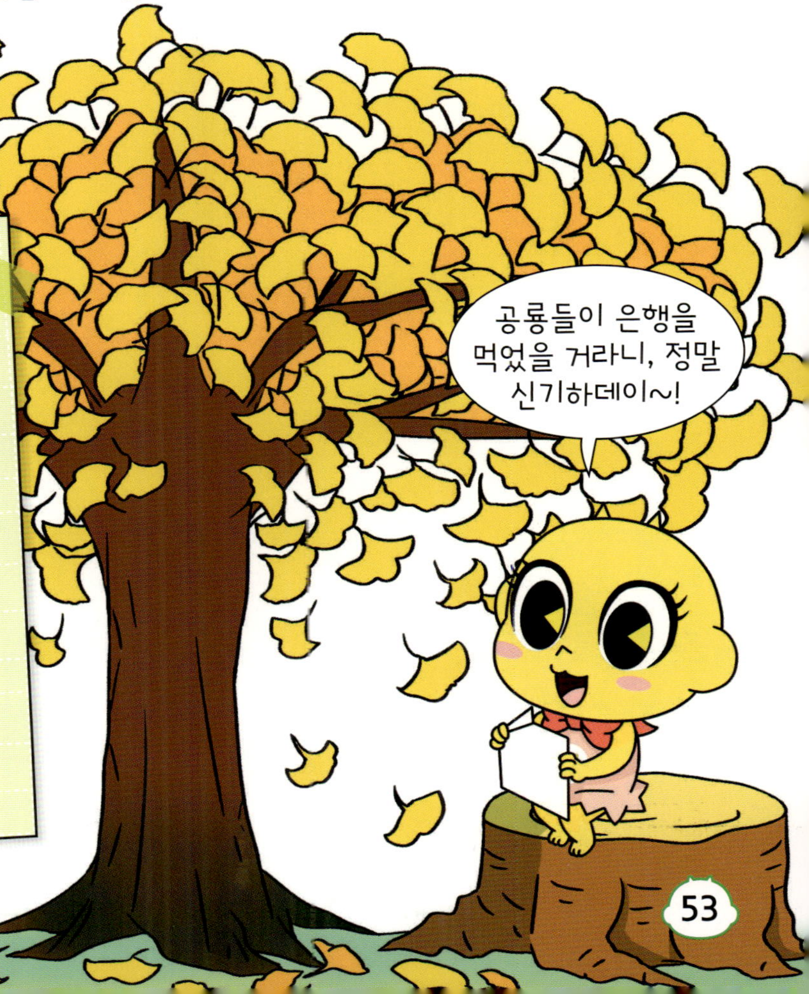

084 은행나무

은행나무는 대표적인 겉씨식물로, 중생대 때 흔히 볼 수 있었어. 특히 쥐라기 후기부터 백악기 초기에 제일 많았어. 중생대가 끝나며 지구의 기후가 급격하게 변해 은행나무가 많이 사라졌지만, 얼마 없는 은행나무를 발견한 사람들이 키우면서 다시 살아날 수 있었어.

공룡들이 은행을 먹었을 거라니, 정말 신기하데이~!

4장 최고·최강 공룡왕 공룡 랭킹 1

085 가장 오래전에 살았던 공룡 1위는?

가장 오래전에 살았던 공룡에 대한 의견은 학자들마다 달라. 약 2억 3,100만 년 전에 나타났다는 에오랍토르가 오랫동안 최초의 공룡으로 여겨지다가 2012년 니아사사우루스의 존재가 밝혀지며 랭킹 1위 자리가 바뀌게 되었어. 니아사사우루스는 약 2억 4,700만 년 전에 나타났었다는 연구가 밝혀졌거든.

최근에는 내가 가장 오래전에 살았던 공룡이라는 의견이 많더군.

니아사사우루스

086 가장 사나운 공룡 1위는?

가장 사나운 공룡 1위는 바로 '티라노사우루스 렉스'라고도 불리는 티라노사우루스야. '티라노'는 폭군, '렉스'는 왕이라는 뜻으로 사나운 공룡 1위를 차지할 만해. 백악기 후기에 살았던 티라노사우루스와 같은 시대에 살아간 공룡들은 커다란 이빨과 강한 턱의 힘을 가진 티라노사우루스를 무서워했을 거야.

크왕!

공격해! / 저리 가!

티라노사우루스

087 가장 큰 공룡 1위는?

발견되는 화석에 따라 공룡의 몸길이가 계속 달라지기 때문에 1위를 정할 수는 없지만, 덩치가 큰 공룡들로는 몸길이가 30m가 넘고 몸무게도 100t에 가까운 아르젠티노사우루스, 푸에르타사우루스 등이 있어. 모두 남아메리카에서 발견되었고, 용각류라는 공통점이 있지.

아르젠티노사우루스

에피덱시프테릭스

넌 정말 작다!

088 가장 작은 공룡 1위는?

몸길이가 약 1m인 콤프소그나투스는 오래도록 가장 덩치가 작은 공룡 1위 자리를 지켰어. 하지만 2008년에 몸길이가 약 25cm로 콤프소그나투스보다 훨씬 작은 몸집의 공룡, 에피덱시프테릭스가 발견되면서 랭킹 1위 공룡이 바뀌었지.

공룡 랭킹 2

089 가장 먼저 발견된 공룡 1위는?

첫 번째로 발견된 공룡 화석은 육식 공룡인 메갈로사우루스야. 하지만 공룡의 존재를 몰랐던 옛날 고생물학자들은 메갈로사우루스를 일반 파충류라고 생각했었지. 이후 초식 공룡인 이구아노돈의 화석이 발견되고 공룡의 분류가 생겨나면서, 메갈로사우루스도 공룡이라고 불리게 되어 랭킹에 오를 수 있었어.

내 뼈는 1676년에 발견되었어!

난 1822년에 발견되었지.

메갈로사우루스
몸길이: 5~6m

이구아노돈
몸길이: 9~13m

090 가장 빠른 공룡 1위는?

달리기가 가장 빠른 공룡으로 오르니토미무스와 갈리미무스가 공동 1위를 차지했어. 튼튼한 뒷다리를 가진 두 공룡은 약 시속 70km로 달렸다고 추측해.

내가 1등 할 거야!

오르니토미무스
뜻: 새를 닮은 공룡
몸길이: 3~5m

갈리미무스
뜻: 닭을 닮은 공룡
몸길이: 5~8m

091 가장 목이 긴 공룡 1위는?

기다란 목을 가진 쟁쟁한 용각류들을 재치고 마멘키사우루스가 가장 목이 긴 공룡 1위를 차지했어. 마멘키사우루스의 목 길이는 약 14m로 몸길이의 절반을 훌쩍 넘고, 목뼈의 개수도 19개나 되지. 기린보다 목이 훨씬 더 길어.

092 가장 머리가 큰 공룡 1위는?

머리가 화려한 각룡류 중에서 가장 머리가 큰 공룡으로 카스모사우루스와 토로사우루스가 공동 1위를 차지했어. 두 공룡 모두 뿔이 있고, 커다란 프릴이 달려 있지. 무거운 머리 무게를 지탱하며 걷기 위해 앞다리가 약간 굽어져 있어.

목이 엄청 길다!

토로사우루스
뜻: 구멍 난 도마뱀
몸길이: 7~8m

마멘키사우루스
뜻: 마멘키 도마뱀
몸길이: 20~35m

4장 최고·최강 공룡왕
공룡 이모저모

093
도둑이라고 오해받은 공룡?

백악기 후기에 살았던 육식 공룡인 오비랍토르의 화석은 처음에 어떤 공룡의 알과 함께 발견되었어. 옛날 고생물학자들은 그 알이 프로토케라톱스의 것이라고 생각했고, 오비랍토르는 '알 도둑'이라는 별명이 생겼지. 하지만 연구를 통해 그 알이 오비랍토르의 알이라는 게 밝혀지며 오해를 풀었어.

094
이름을 되찾은 공룡?

이름을 빼앗겼다가 다시 돌려받은 공룡은 브론토사우루스야. 1903년, 브론토사우루스의 화석이 아파토사우루스의 것이라는 주장이 받아들여지면서 브론토사우루스는 이름을 잃게 되었지. 이후 2015년, 브론토사우루스가 아파토사우루스와 별개의 공룡이라는 주장이 나오면서 브론토사우루스는 이름을 되찾을 수 있었어.

공룡 미스터리

4장 최고·최강 공룡왕

"하늘을 날아다녔던 익룡은 공룡도, 새도 아니야!"

프테라노돈

097 공룡이 살아 있다고?

우리 주위에 공룡이 살아 움직인다면 어떨 것 같아? 분명 거대하고 무시무시한 공룡은 약 6,500만 년 전에 멸종했는데, 사실 공룡은 아직도 존재한대. 고생물학자들은 여러 가지 방식으로 공룡을 분류하는데, 최근 연구에서 조류가 공룡에 속한다는 것을 밝혀냈어.

098 새가 공룡이라고?

최근 연구에 따르면 수각류에 속하는 육식 공룡이 살아남기 위해 몸집을 줄이고 새로 진화했다고 해. 조류는 수각류와 엉덩이뼈가 똑같고 두 발로 걷는 점, 공기주머니가 있다는 점 등이 공룡과 비슷해. 고생물학자들은 수각류의 앞발이 날개로 진화했을 거라고 추측하지. 날개를 휘저으며 하늘을 날아다니는 새가 조금 다르게 보이지?

"우리도 공룡이라 볼 수 있지."

참새

"와~!"

"말도 안 돼!"

티라노사우루스

099
공룡을 닮은 괴물이 있다고?

영국 스코틀랜드에 있는 호수, 네스호에 목이 무척 긴 괴물이 산다는 소문이 있어. 1933년, 영국인 부부가 네스호에서 수장룡과 비슷한 물체를 봤다고 주장한 뒤로 계속해서 *목격담이 나오고 있지. 네스호의 괴물 '네시'에 대한 비밀은 아직도 밝혀지지 않았지만, 많은 연구가 이루어지고 있어. 특히 최근 연구에서 네시는 거대한 뱀장어라는 주장이 나오기도 했어. 과연 네스호의 괴물, 네시의 정체는 무엇일까?

*목격담: 눈으로 직접 본 것에 대한 이야기.

100
공룡과 함께 살았던 인간이 있었을까?

약 300만 년 전에 최초의 인류인 오스트랄로피테쿠스가 지구에 나타났어. 그런데 놀랍게도 최초의 인류가 등장하기 약 6,200만 년 전에 사라진 공룡과 인간이 동시에 존재했었다는 다양한 주장이 있어. 페루 잉카 문명의 유산과 멕시코 인디언이 만든 것으로 예상되는 공룡 점토상과 공룡이 그려진 암벽화 등이 발견되었기 때문이지. 책이나 인터넷이 없었던 시절에 옛날 사람들은 어떻게 공룡의 모습을 담아낼 수 있었을까?

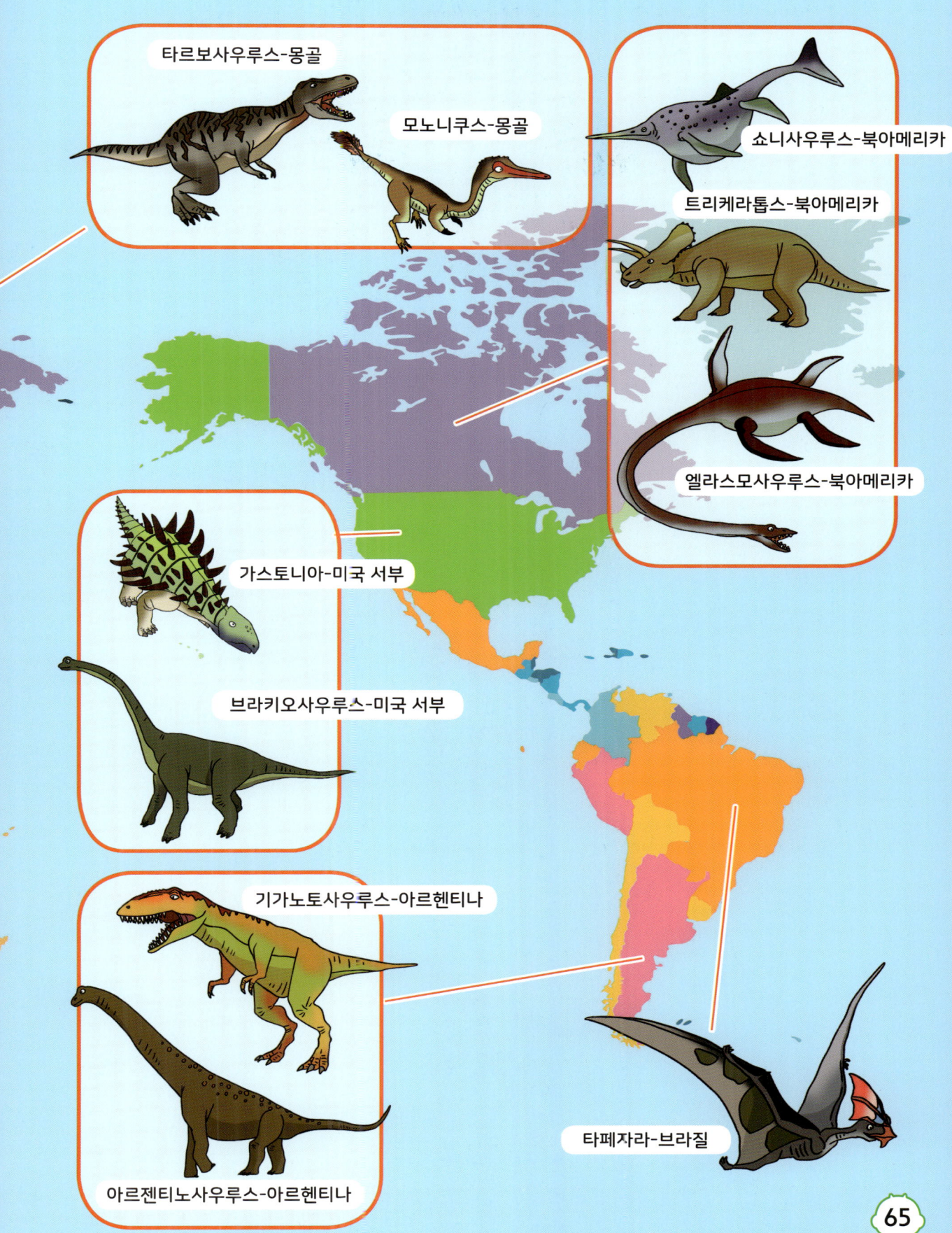

공룡 분류도

공룡

용반류
엉덩이뼈가 도마뱀과 비슷한 공룡이에요.

용각류
네발로 걸으며 목과 꼬리가 길고 몸집이 커다란 초식 공룡이에요.

수각류
두 발로 걷는 공룡으로, 육식 공룡은 모두 수각류예요. 수각류에 초식과 잡식도 있답니다.

후두류
박치기를 하는 공룡을 후두류로 분류해요. 둥글게 솟아 있는 머리뼈가 특징이지요.

나랑 브론토사우루스는 달라!

아파토사우루스

내 앞발톱은 거대해!

테리지노사우루스

나는 무리 생활을 했지.

스테고케라스

브라키오사우루스

원시적인 육식 공룡 중 하나야!

헤레라사우루스

머리뼈 두께가 최대 25cm나 돼!

파키케팔로사우루스

조반류
엉덩이뼈가 새와 비슷한 공룡이에요.

각룡류
크고 작은 뿔이 특징인 각룡류는 다양한 형태의 프릴과 앵무와 비슷한 부리를 가져요.

조각류
뒷다리가 발달한 조각류는 긴 다리를 가진 초식 공룡이에요. 두 발로 걸어다녔고, 머리 볏이 있기도 해요.

검룡류
뼈로 된 넓은 골판이 등과 목, 꼬리에 걸쳐 나 있어요. 네발로 걸어다녀요.

곡룡류
피부를 덮는 단단한 뼛조각이 갑옷처럼 단단해요. 꼬리에 곤봉이 달려 있기도 해요.

난 한국에서 발견되었어!

코리아케라톱스

내 볏은 무척 길지!

파라사우롤로푸스

내 이름은 '뾰족한 도마뱀'이라는 뜻이야.

켄트로사우루스

난 꼬리에 커다란 곤봉을 가지고 있지!

유오플로케팔루스

앵무 같은 부리가 특징이야.

프시타코사우루스

오리주둥이 같은 입을 가지고 있지.

하드로사우루스

난 꼬리에 골침이 4개나 있다고!

휴양고사우루스

에드몬토니아

67

색인

가르고일레오사우루스	10-11
가스토니아	34-35, 64-65
갈리미무스	40-41, 58-59
기가노토사우루스	8-9, 24-25, 64-65
니아사사우루스	56-57
데이노니쿠스	26-27
데이노수쿠스	48-49
데이노케이루스	16-17
디델포돈	50-51
디플로도쿠스	30-31
람베오사우루스	36-37
람포린쿠스	44-45, 64-65
마멘키사우루스	14-15, 30-31, 58-59
마이아사우라	40-41
메가조스트로돈	50-51
메갈로사우루스	58-59
모노니쿠스	26-27, 64-65
무스사우루스	10-11, 12-13
바라파사우루스	10-11
벨로키랍토르	14-15, 26-27
부경고사우루스	60-61
브라키오사우루스	10-11, 16-17, 30-31, 64-65, 66-67
브론토사우루스	60-61
사우로펠타	34-35
소르데스	44-45, 64-65
쇼니사우루스	48-49, 64-65
슈노사우루스	28-29, 64-65
스테고사우루스	12-13
스테고케라스	38-39, 66-67
스테로포돈	50-51
스티기몰로크	38-39
스티라코사우루스	32-33
스피노사우루스	10-11, 24-25, 64-65
시노사우롭테릭스	8-9
시조새	52-53
아나토티탄	40-41
아달라테리움	50-51, 64-65
아르젠티노사우루스	16-17, 30-31, 56-57, 64-65
아파토사우루스	28-29, 60, 66-67
안킬로사우루스	12-13, 34-35
암모나이트	52-53
에드몬토니아	66-67
에오랍토르	10-11, 56

에우디모르포돈	44-45, 64-65
에피덱시프테릭스	8-9, 56-57
엘라스모사우루스	48-49, 64-65
오르니토미무스	40-41, 58-59
오비랍토르	60-61
유오플로케팔루스	34-35, 66-67
유타랍토르	34
이구아노돈	10-11, 12-13, 58-59
친타오사우루스	36-37, 64-65
카마라사우루스	16-17, 28-29
카스모사우루스	32-33, 58-59
케찰코아틀루스	46-47
켄트로사우루스	66-67
코리아노사우루스 보성엔시스	20, 64-65
코리아케라톱스	20, 66-67
코리토사우루스	36-37
콤프소그나투스	9, 26-27, 57, 64-65
타르보사우루스	24-25, 64-65
타페자라	46-47, 64-65
테리지노사우루스	66-67
토로사우루스	32-33, 58-59
트로오돈	60-61
트리케라톱스	8-9, 32-33, 64-65
티라노사우루스	12-13, 14-15, 24-25, 56-57, 62-63
파라사우롤로푸스	36-37, 66-67
파키케팔로사우루스	12-13, 38-39, 66-67
푸에르타사우루스	56-57
프레노케팔레	38-39
프로가노켈리스	48-49
프로토케라톱스	10-11, 12-13, 14-15, 60
프테라노돈	12-13, 46-47, 62-63
프시타코사우루스	66-67
프테로다우스트로	46-47
플라테오사우루스	28-29
하드로사우루스	66-67
헤레라사우루스	10-11, 66-67
휴양고사우루스	66-67

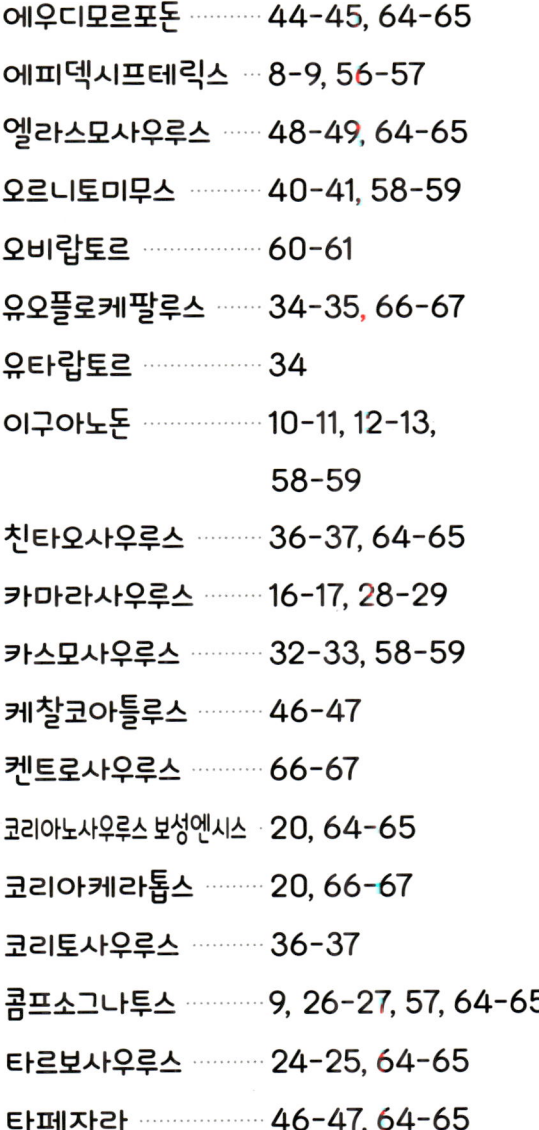

이벤트에 참여하면 신비아파트의 최신 완구를 15명에게 준데이~!

신비아파트 고스트볼Z 귀도퇴마사

신비 과학 그림 백과 ❸
공룡 호기심 100
출간 기념 이벤트

7명 추첨

요술큐브 스타터 세트 (2종 중 랜덤)

2명 추첨

보이스 체인저 (2종 중 랜덤)

2명 추첨

뮤직 쉐킷 (2종 중 랜덤)

4명 추첨

고스트 파인더 (2종 중 랜덤)

참여 방법
① 오른쪽 QR 코드를 스마트폰의 QR 코드 리더기로 스캔하기
② QR 코드 스캔 후, 링크로 들어가 <신비 공룡 호기심 100> 설문지 꼼꼼하게 작성하기
③ 이벤트 응모 정보도 정확하게 적어 제출하기

이벤트 참여 기한
2022년 4월 26일~2022년 5월 31일까지

당첨자 발표
2022년 6월 7일, 서울문화사 카카오톡 채널 공지
(카카오톡 채널 검색에서 '서울문화사 어린이책'을 검색하세요)

ⒸCJ ENM Co.,Ltd. All Rights Reserved.

▶ 구독자 147만 명, 누적 조회 수 2.48억 회
대한민국 최대 과학 유튜브 채널 사물궁이 잡학지식

서울초등 기초과학 교육연구회 추천

궁이와 떠나는 어드벤처 미션 과학 학습 만화!

화제의 신간

168쪽 | 값 12,000원

"과학 궁금증을 해결하고 싶나요?"

호기심 해결사 궁이가 모두 해결해 줄게!

초판 특별 부록 2가지

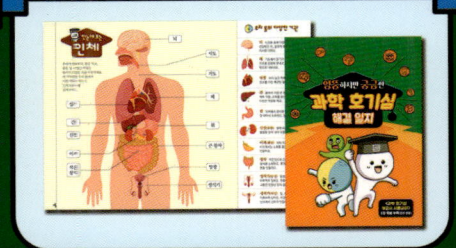

1 호기심 해결사 궁이가 펼치는
서바이벌 과학 학습 만화

3 과학 교과서 집필 선생님이 알려 주는
다양한 인체 이야기

2 엉뚱한 궁금증을 과학적으로 풀어 주는
궁이의 호기심 해결

4 신나게 놀면서 생각의 힘을 키우는
궁이의 호기심 놀이터

ⓒ사물궁이 잡학지식

판매 : 02-791-0754 (출판마케팅) 서울문화사

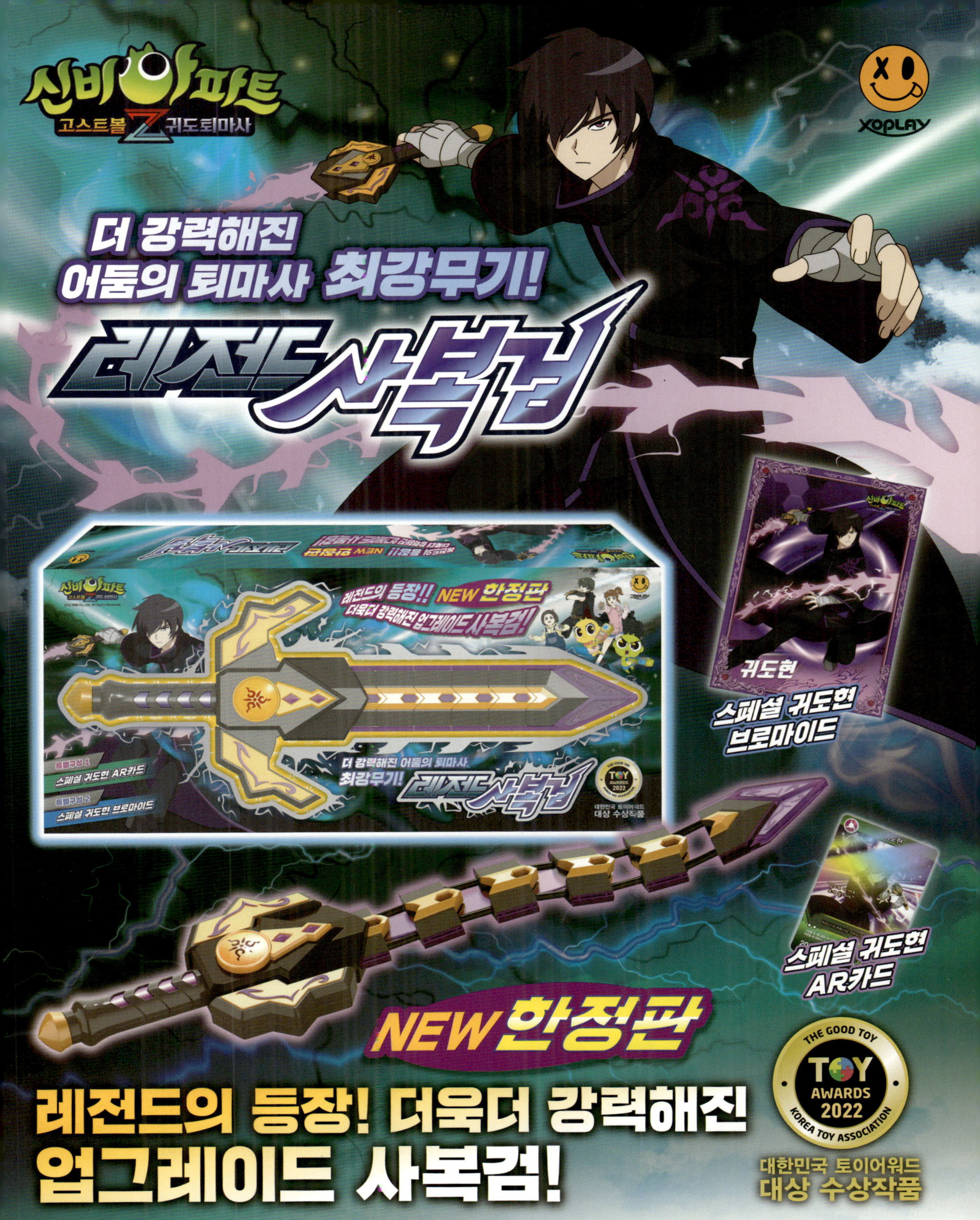
신비아파트
고스트볼 Z 귀도퇴마사
XOPLAY
더 강력해진
어둠의 퇴마사 최강무기!
레전드 사복검
레전드의 등장!! NEW 한정판
더욱더 강력해진 업그레이드 사복검!
더 강력해진 어둠의 퇴마사
최강무기!
스페셜 귀도현 AR카드
스페셜 귀도현 브로마이드
귀도현
스페셜 귀도현
브로마이드
스페셜 귀도현
AR카드
NEW 한정판
레전드의 등장! 더욱더 강력해진
업그레이드 사복검!
THE GOOD TOY
TOY
AWARDS
2022
KOREA TOY ASSOCIATION
대한민국 토이어워드
대상 수상작품

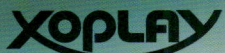